BOEKANALYSE

Dangerous Liaisons

· · · · · · · · · · · · ·

PIERRE CHODERLOS DE LACLOS

BOEKANALYSE

Geschreven door Monia Ouni
Vertaald door Nikki Claes

Dangerous Liaisons

PIERRE CHODERLOS DE LACLOS

PIERRE CHODERLOS DE LACLOS

FRANS SOLDAAT EN SCHRIJVER

- **Geboren in Amiens in 1741**
- **Overleden in Taranto in 1803**
- **Zijn werk:**
  - *Dangerous Liaisons* (1782), briefroman.

Pierre Ambroise Choderlos de Laclos werd geboren in 1741 en stierf in 1803, en werd relatief laat bekend als een van de belangrijkste schrijvers van de 18e eeuw. Rond zijn veertigste, en vastgelopen in een onbevredigende militaire carrière, wijdde hij zich aan het schrijven. Geleidelijk ontstond in hem een echte literaire ambitie: hij nam zich voor een roman te schrijven die lange tijd furore zou maken. Tijdens een verlof van zes maanden voltooide hij *Dangerous Liaisons* (1782), zijn enige meesterwerk. Hoewel de roman hem afkeuring van sommigen en bewondering van anderen opleverde, raakte hij mensen boven verwachting. Als koude en rationele man, trouwe echtgenoot en attente vader, leidde Laclos een eenvoudig leven, ver van het perverse gedrag van zijn personages.

DANGEROUS LIAISONS

DE ROMANTISCHE INTRIGES VAN TWEE GEWETENLOZE LIBERTIJNEN...

- **Genre:** briefroman

- **Referentie uitgave:** De Laclos, C. (2007) *Dangerous Liaisons*. Trans. Constantine, H. Londen: Penguin Books.

- **Eerste uitgave:** 1782

- **Thema's:** ondeugd, deugd, libertinisme, verleiding, manipulatie, brief

Dangerous Liaisons (1782) wordt nu beschouwd als één van de grootste meesterwerken van de Franse literatuur en werd lange tijd in het geheim gelezen. De roman is een verzameling brieven die door de auteur als authentiek worden voorgesteld en toont de perspectieven van verschillende vertellers die in hun correspondentie het verhaal van hun romantische intriges vertellen. Meer bepaald worden de avonturen verteld van twee libertijnen en hun min of meer instemmende slachtoffers. Vol ironie en cynisme heeft het werk sinds zijn publicatie een schandaal veroorzaakt waardoor het tot in de 19de eeuw gecensureerd werd.

SAMENVATTING

DEEL I (BRIEVEN 1-50)

Cécile Volanges, een jong meisje uit een goede familie dat de geschikte leeftijd heeft om te trouwen, heeft net het klooster verlaten om terug te keren naar Parijs. Verloofd door haar moeder met de Comte de Gercourt, is Cécile nog niet op de hoogte van de plannen die voor haar zijn gemaakt. De markiezin van Merteuil, een familielid van Madame de Volanges die zich aan Cécile voorstelt als een vriendin, kent de identiteit van haar toekomstige echtgenoot. Zij heeft namelijk een romantische affaire met hem gehad en wil graag wraak nemen op deze man die haar durfde te verlaten voor een andere vrouw. Daarom vraagt ze de Vicomte de Valmont, een vroegere minnaar die een goede vriend is geworden, om de onschuldige jonge vrouw om te kopen om haar huwelijk met Gercourt te vernietigen. Maar Valmont slaat het aanbod van de markiezin af, omdat hij het te druk heeft met de nieuwe missie die hij zichzelf heeft toebedeeld. Hij heeft zich voorgenomen de Présidente de Tourvel te verleiden, een trouwe, deugdzame en vrome vrouw die net als hij op het platteland verblijft bij Madame de Rosemonde, de tante van de libertijn. Maar de markiezin vindt andere middelen om Cécile te compromitteren, wanneer zij, luisterend naar de geheimen van het jonge meisje, verneemt dat zij verliefd is geworden op de Chevalier Danceny, haar jonge muziekleraar. Ze moedigt de twee adolescenten dus aan om elkaar hun liefde te verklaren en organiseert een ontmoeting in hun eentje. Niettemin, genietend van het gedurfde veroveringsplan van de Vicomte, belooft ze de nacht door te brengen met Valmont wanneer hij zijn doel bereikt met Madame de Tourvel. De Vicomte ziet enkele onvrijwillige tekenen van genegenheid bij zijn prooi en is zeker van zijn succes, ondanks de berispelijke brieven die de Présidente hem stuurt. Maar zijn plannen worden gedwarsboomd: op advies van haar vrienden vraagt de Présidente hem zich ver van haar te verwijderen en terug te keren naar Parijs. Cécile, wiens deugdzaamheid haar heeft ingehaald, besluit het uit te maken met Danceny, tot grote ergernis van Madame de Merteuil. Maar wanneer Valmont ontdekt dat het Madame de Volanges is die zijn reputatie met zijn prooi heeft vernietigd, besluit hij wraak te nemen door haar dochter te corrumperen. De Vicomte kondigt daarom aan de Markiezin aan dat hij eindelijk de missie aanvaardt die zij hem heeft voorgesteld: hij zal Cécile de Volanges verleiden en ruïneren.

DEEL II (BRIEVEN 51-87)

Hoewel ze beiden in Parijs zijn, komen Valmont en Merteuil elkaar niet tegen. Toch blijven ze brieven uitwisselen en bedenken ze plannen om Cécile de Volanges te ruïneren. Zo raakt Valmont bevriend met Danceny om achter zijn geheimen te komen en informeert de markiezin Madame de Volanges over de liefde tussen haar dochter en haar muziekleraar. De twee pubers, gescheiden, worden alleen maar verliefder en vertrouwen op het advies van de twee libertijnen. Madame de Merteuil slaagt erin Madame de Volanges ervan te overtuigen haar dochter naar het platteland te sturen en slaagt erin Cécile en de Présidente de Tourvel samen te brengen in de residentie van Madame de Rosemonde. Dit komt Valmont goed uit, die bij terugkeer bij zijn tante zijn twee opdrachten tegelijk kan uitvoeren.

In deze tijd, in Parijs, verslaat Madame de Merteuil, door Valmont gewaarschuwd voor de ambitie van een verleider genaamd Prévan om te bewijzen dat zij een gemakkelijke verovering is, de brutale man en ruïneert zijn reputatie.

DEEL III (BRIEVEN 88-124)

Valmont neemt de rol van boodschapper op zich tussen Danceny en Cécile en slaagt er dankzij dit excuus in een kopie van de sleutel van de slaapkamer van het jonge meisje te bemachtigen. Op een nacht sluipt hij naar binnen en dwingt haar de nacht met hem door te brengen. Cécile is woedend, maar ze is ook gecharmeerd van de Vicomte. Toch heeft het jonge meisje de volgende dag spijt dat ze zich niet echt heeft verdedigd en is ze bedroefd over haar eigen daden. Haar verdrietige gezicht verontrust haar moeder, die Cécile gelukkig wil zien en Madame de Merteuil haar idee vertelt om het gearrangeerde huwelijk met Gercourt te annuleren en de hand van haar dochter aan Danceny te geven. Madame de Merteuil overtuigt haar er echter van. Tegelijkertijd slaagt Valmont erin de weerstand van Madame de Tourvel te overwinnen: zij bekent hem uiteindelijk haar liefde, maar stemt er niet mee in zijn minnaar te worden. De Vicomte schept al op over zijn overwinning bij de Markiezin van Merteuil, maar even later verlaat Madame de Tourvel het kasteel zonder hem te waarschuwen, om te ontsnappen aan het voorwerp van haar verlangens en zo haar huwelijk te redden. Valmont is woedend en bedenkt een nieuwe strategie: hij besluit haar te laten geloven dat hij zich tot het geloof heeft bekeerd. Vervolgens vraagt de Vicomte de Présidente om hem een laatste ontmoeting toe te staan, waarbij hij beweert dat hij haar al haar brieven wil teruggeven en de zijne wil terugwinnen. Tegelijkertijd begint hij een geheime relatie met Cécile (ze brengen elke nacht samen door), terwijl de Markiezin van Merteuil haar zinnen heeft gezet op Danceny en hem tot haar minnaar maakt.

DEEL IV (BRIEVEN 125-175)

Valmont kondigt Madame de Merteuil trots aan dat hij Madame de Tourvel heeft overwonnen: hij is erin geslaagd haar te krijgen. Nu hij zijn missie heeft volbracht, eist hij dat Madame de Merteuil zich aan hem geeft, zoals ze had beloofd. Overtuigd dat hij verliefd is geworden op Madame de Tourvel, lacht zij hem uit en beveelt hem zijn Présidente in de steek te laten alvorens zijn prijs op te eisen. Ze geeft hem daarom een conceptscheidingsbrief die Valmont naar Madame de Tourvel stuurt. De arme vrouw verliest haar verstand en Valmont, die van plan was zich met haar te herenigen, kan zichzelf niet meer verlossen. Ondanks deze vernietigende daad blijft Madame de Merteuil weigeren zich aan de Vicomte te geven en de twee libertijnen verklaren elkaar de oorlog. Om wraak te nemen op de markiezin probeert Valmont Danceny over te halen haar te verlaten in naam van de liefdesgeschiedenis die hem met Cécile verbindt. Als ze dit hoort, vertelt Madame de Merteuil de jonge chevalier over de affaire van de Vicomte met Cécile, zijn geliefde. Danceny daagt Valmont daarom uit tot een duel en doodt hem. Maar in een laatste wraakactie geeft Valmont, voordat hij zijn laatste adem uitblaast,

Danceny alle brieven die hij van Madame de Merteuil heeft ontvangen. De ware persoonlijkheid van de markiezin wordt openbaar gemaakt en er breekt een schandaal uit. Danceny kondigt aan Madame de Rosemonde aan dat hij Parijs verlaat om terug te gaan naar Malta. In haar laatste brieven vertelt Madame de Volanges met weemoed over de gevolgen van dit verhaal. De Présidente de Tourvel, die de dood van haar geliefde heeft vernomen, is bezweken aan verdriet. Geconfronteerd met de dood van Valmont en de onthullingen van haar vertrouwelinge, heeft Cécile besloten non te worden. De Chevalier de Prévan, een pion in de plannen van Madame de Merteuil, heeft zijn reputatie gezuiverd en keert terug in de maatschappij, terwijl de Markiezin publiekelijk onteerd is. Na een pokkenaanval heeft zij een oog verloren en is door de ziekte verminkt. Omdat ze haar proces heeft verloren, is ze gedwongen in ballingschap te gaan in Holland.

KARAKTERSTUDIE

DE MARKIEZIN VAN MERTEUIL

Madame de Merteuil is de weduwe van een man die kort na hun huwelijk overleed, en is een hooggeplaatste vrouw die geaccepteerd en geliefd is in de maatschappij. Beschermd door haar reputatie als deugdzame en vriendelijke vrouw, leidt de markiezin in werkelijkheid een leven gewijd aan libertinisme. Haar handelingen, altijd vakkundig uitgedacht en gepland, zijn de weerspiegeling van haar perverse gedrag en het resultaat van strenge persoonlijke begeleiding, zoals ze uitlegt in Brief 81, waarin ze haar autobiografie onthult.

Ze is een autodidact die de gebruiken van de maatschappij begrijpt en de gedragingen en gedachten van anderen doorbreekt, terwijl ze haar eigen gevoelens perfect maskeert. Als ware manipulator is zij erin geslaagd erkend te worden als een van de meest respectabele vrouwen van haar stand, terwijl zij in het geheim minnaars verzamelt. Mooi en beschaafd, heeft ze een aanzienlijke verleidingskracht over mannen. Ze beschouwt hen als lustobjecten, maar ook als bedreigingen voor haar persoonlijke vrijheid, die ze koste wat kost wil behouden.

Hoewel zij soms ver van de actie verwijderd lijkt, gebeurt alles door haar toedoen en blijft zij altijd de belangrijkste aanstichtster van de gebeurtenissen in de roman:

- Gemotiveerd door persoonlijke wraak, is zij de geheime drijvende kracht achter alle acties die Cécile's reputatie proberen te vernietigen;

- zij is degene die, voor puur vermaak, Valmont aanstuurt in zijn plan om Madame de Tourvel te verleiden door zichzelf als prijs aan te bieden als het initiatief slaagt;

- Ze ontdekt de liefde van Valmont voor de Présidente en manipuleert hem zodanig dat hij gedwongen wordt het uit te maken;

- Die de oorlog heeft verklaard aan de Vicomte, wakkert ze Danceny's woede aan door hem te vertellen over de relatie tussen de libertijn en Cécile, wat een duel tussen de twee mannen ontketent en Valmont's dood veroorzaakt.

LE VICOMTE DE VALMONT

De Vicomte de Valmont, directe erfgenaam van Madame de Rosemonde, in wier huis hij gedurende het verhaal woont, is een libertijn. Als verleidelijke, beschaafde en manipulatieve man heeft hij voortdurend veroveringen, waarbij hij zijn partners als prooien beschouwt die hij verleidt alvorens ze in de steek te laten, niet zonder ze te vernederen. Zijn perverse gedrag, dat hij niet onder stoelen of banken steekt, bezorgt hem een slechte reputatie bij de vrouwen.

Het merendeel van zijn daden doen hem overkomen als een goddeloze en wetteloze man. Gedreven door persoonlijke wraak, stemt hij ermee in de jonge Cécile de Volanges te corrumperen. Om dit te doen, aarzelt hij niet om geweld te gebruiken. Tegelijkertijd begint hij Madame de Tourvel te verleiden, vooral vanwege de uitdaging die zij in zijn ogen vormt vanwege haar reputatie als deugdzame en vrome echtgenote. Nadat hij haar heeft verleid, stuurt hij haar een bijzonder cynische brief, waarmee hij de krankzinnigheid van zijn slachtoffer uitlokt.

Maar hoewel zijn daden hem afschilderen als een negatief persoon zonder moraal, is het voor de lezer moeilijk om de schuld van dit dubbelzinnige personage te beoordelen. Gedurende het hele werk lijkt hij gaandeweg de pion te zijn van de markiezin, die hij sterk lijkt te bewonderen. Het is namelijk onder haar invloed dat hij breekt met de Présidente de Tourvel, op wie hij oprecht verliefd lijkt te zijn geworden. De lezer kan zich dus afvragen of Valmont zonder zijn medeplichtigheid met Madame de Merteuil zijn slechte gewoonten zou hebben afgezworen door zich te verbinden aan een ware liefde voor de Présidente. Ten slotte maakt het gedrag dat hij vóór zijn dood tegenover Danceny aanneemt zijn daden gedeeltelijk goed.

CÉCILE DE VOLANGES

Aan het begin van de roman is Cécile de Volanges, waarvan we de exacte leeftijd niet kennen, een onschuldig en naïef meisje dat onlangs het klooster heeft verlaten. Verloofd met de Comte de Gercourt, wordt zij al snel verliefd op de Chevalier Danceny, maar in naam van de deugd weigert zij aanvankelijk toe te geven aan deze aantrekkingskracht. Toch is zij zeer gemakkelijk te beïnvloeden en laat zij zich door de markiezin, die zij als haar vriendin beschouwt, overhalen om serieuzer betrokken te raken bij deze verboden relatie, net zoals zij zich door Valmont laat overhalen om zijn minnares te worden. Ondanks haar onschuld en zachtheid is Cécile geen onverdeeld positief personage. Door haar gebrek aan wilskracht en persoonlijkheid overtreedt ze eigenlijk altijd de regels die ze zichzelf geeft. Bovendien verschijnt er enig cynisme in haar brieven, vooral wanneer ze het over haar moeder heeft, die ze steeds meer bespot. Madame de Merteuil stelt zich zelfs een moment voor om haar tot haar toekomstige "junior intrigante" te maken (Brief 106), maar het gebrek aan pit en persoonlijkheid van het personage, dat soms zichtbaar is in haar schrijven, zorgt ervoor dat de markiezin niet geïnteresseerd is.

MADAME DE TOURVEL

Madame de Tourvel is een trouwe en toegewijde echtgenote, zeer gelovig en een bescheiden en discrete vrouw. Aanvankelijk is zij verontwaardigd over de liefdesverklaringen van Valmont, maar vervolgens vecht zij tegen haar eigen gevoelens in naam van de deugden waarin zij sterk gelooft. Ze is oprecht in vriendschap en in liefde, en wanneer ze bezwijkt voor de Vicomte geeft ze zich volledig aan hem over, tot ze in waanzin vervalt wanneer hij haar in de steek laat. De Présidente de Tourvel is, door de waarden die zij verdedigt en de deugdzame houding die zij aanneemt, de tegenpool van de Markiezin de Merteuil. Zij is eerst het voorwerp van het sarcasme van de markiezin en wordt later haar echte slachtoffer wanneer Madame de Merteuil Valmont op bijzonder cynische wijze dwingt haar te verlaten (Brief 141).

ANALYSE

EEN EPISTOLAIRE ROMAN

Op het moment dat *Dangerous Liaisons werd* gepubliceerd, bestond het epistolaire genre, dat wil zeggen een roman geschreven door middel van brieven, al bijna een eeuw: het vestigde zich pas echt met *Perzische brieven* van Montesquieu in 1721. Het werk van Laclos, dat als een van de beste van het genre wordt beschouwd, laat de kenmerken ervan zien en exploiteert, meer dan enig ander werk, de verschillende bronnen ervan:

- De roman wisselt tussen de gezichtspunten van verschillende vertellers die "ik" gebruiken en zich tot een "jij" richten. Elk personage spreekt voor zichzelf via zijn eigen brieven, elk gericht aan een specifieke correspondent. De lezer, die zich natuurlijk identificeert met degene die aan het woord is, wordt zo, ieder op zijn beurt, in de gedachten van elk van de hoofdpersonen geworpen. De lezer deelt dus de gedachten en gevoelens van de personages.

- Om het realistische effect te versterken dat al ontstaat doordat de lezer zich met de personages identificeert, presenteert Laclos zijn werk als een verzameling authentieke brieven die hij beweert te hebben gepubliceerd nadat hij de namen heeft veranderd en de aanwijzingen heeft verborgen waarmee de betrokken personen zouden kunnen worden geïdentificeerd. Hoewel ze heel goed weten dat wat ze lezen niet waar is, zoals ze hebben geleerd van de waarschuwing van de uitgever, die ook door Laclos is geschreven, blijft de interesse van de lezer gewekt en probeert hij het spel mee te spelen door zich voor te stellen dat alle vertelde gebeurtenissen echt zijn. Daardoor raken ze intenser betrokken bij het verhaal.

• In *Dangerous Liaisons is* de brief geen eenvoudig communicatiemiddel, maar neemt hij werkelijk deel aan de actie. De missive is al snel een bron van plezier, maar kan zich omvormen tot een indrukwekkend wapen. De brief is een tweesnijdend zwaard: hij stelt Valmont bijvoorbeeld in staat Madame de Tourvel te begrijpen en te verleiden, en wordt later het middel om de twee geliefden uit elkaar te drijven, naar een idee van Madame de Merteuil. Evenzo worden de briefwisselingen tussen de Vicomte en Madame de Merteuil, die aanvankelijk geheimhouding garanderen, vervolgens compromitterend bewijs dat de ondergang van de Markiezin uitlokt. De brief krijgt dus een heel bijzondere dimensie in de roman.

EEN LIBERTIJNSE ROMAN

Laclos' werk legt het libertinisme bloot zoals het was in de 18de eeuw en gaat in op de modellen van libertijnse literatuur uit die tijd:

• De twee hoofdpersonen (de Vicomte de Valmont en de Markiezin de Merteuil) belichamen elk op hun eigen manier een typische libertijnse held. Geëmancipeerd van alle morele en religieuze beperkingen, met vrijheid van denken en handelen, leefden zij op zoek naar vleselijke genoegens. Beschaafd en verfijnd, vielen zij op in de maatschappij dankzij hun intellect en beheersing van de maatschappelijke normen.

- Verleiding wordt voorgesteld als een kunstvorm die veel verstand en weinig gevoel vereist. De libertijn stelt zichzelf, meestal uit jaloezie of voor zijn plezier, de uitdaging om de begeerde persoon te veroveren en stelt een compleet strijdplan op om dit doel te bereiken. Vrouwen worden vaak voorgesteld als het doelwit, de prooi die zich meestal laat overhalen om zich te laten vangen.

- Het thema van het begin van het libertinisme, dat veel voorkomt in de libertijnse literatuur, wordt ook in het werk van Laclos ontwikkeld. Zo is het de taak van de markiezin om Cécile te bekeren van haar opvattingen over het huwelijk, de liefde en de houding die zij in de maatschappij moet aannemen, terwijl Valmont haar een echte seksuele opvoeding geeft.

- In tegenstelling tot de schunnige literatuur is de stijl subtiel en verfijnd, ver van totale vulgariteit. In de brieven van Valmont en Madame de Merteuil wordt steeds gezinspeeld op de geslachtsdaad, hoewel deze de kern van hun plannen vormt, zonder dat deze ooit echt wordt beschreven. De twee libertijnen beheersen hun schriftuur perfect en gebruiken intellectuele humor.

HET ONDERWERP VAN SCHANDAAL

Vanaf zijn publicatie heeft Laclos' roman geschokt en schandaal veroorzaakt. Het werd zelfs onderworpen aan een censuur die duurde tot de 19de eeuw. *Dangerous Liaisons werd* daarom op de zwarte markt verkocht en in het geheim gelezen.

Op het eerste gezicht kunnen we verrast zijn door deze ontvangst, aangezien het werk opent en sluit met toespraken die doortrokken zijn van moraal:

- Aan het begin van het werk, in het voorwoord van de auteur, wordt het gebruik van de roman in deze termen beschreven: "Het is in ieder geval nuttig voor de moraal, om de middelen die de goddelozen gebruiken om de onschuldigen te verleiden, open te leggen".

- Aan het eind van de roman is de laatste sanctie, geschreven door Madame de Volanges, negatief over libertijnen en hun praktijken. Deze libertijnen worden streng gestraft voor hun misdaden: Valmont sterft en Madame de Merteuil, die haar charme en haar geld heeft verloren, lijkt een goddelijke straf te ondergaan.

Niettemin kunnen talrijke elementen in de roman ingaan tegen de goede zeden van de lezers, met name de meest rigoureuze, wat afkeuring van het werk tot gevolg had:

- Ten eerste, ongeacht de goede bedoelingen die in het voorwoord worden verklaard, blijft het een feit dat het verhaal de lezer een nauwkeurig beeld schetst van richtlijnen en praktijken die tegen alle moraal ingaan. Sommigen stelden daarom dat dit verdrag van libertinisme niet in handen van bepaalde mensen mag komen.

- Ten tweede is het waar dat de schurken in dit verhaal uiteindelijk alles verliezen, maar de "goeden", die zelf ook niet boven alle verwijten verheven zijn, eindigen niet zegevierend: Madame de Tourvel sterft, Cécile wordt non en Danceny, die zijn liefde voor het jonge meisje afzweert, draagt voor altijd het gewicht van de schuld. Het einde van de roman presenteert dus geen echte moraal die goed van slecht onderscheidt.

- Ten derde, en misschien wel het belangrijkste, wordt de lezer in een dubbelzinnige positie geplaatst die hem medeplichtig maakt aan de libertijnen. De lezer, die een bijna voyeuristische houding heeft ontwikkeld en vanaf het begin op de hoogte is van het pact dat Valmont en de markiezin van Merteuil verbindt, wordt namelijk gedwongen het standpunt van de twee intriganten over te nemen en wordt uiteindelijk medeplichtig aan de schurken. Uiteindelijk fascineren deze twee personages de lezer, die zich er niet van kan weerhouden hen heimelijk te bewonderen. Als aantrekkelijke, intelligente en getalenteerde schrijvers hebben zij veel aantrekkelijker eigenschappen dan hun slachtoffers, die zij doorzien en met gemak manipuleren.

VERDERE REFLECTIE

ENKELE VRAGEN OM OVER NA TE DENKEN...

- *Dangerous Liaisons is* het onderwerp geweest van vele verfilmingen. Welke problemen ontstaan er volgens u bij de omzetting van een dergelijke roman in een film?

- Gezien het eerste pact tussen Valmont en de markiezin van Merteuil, welk actiemodel zou u kunnen voorstellen voor de roman?

- In welk opzicht is het karakter van de markiezin van Merteuil een voorloper van de vrouwenemancipatie?

- Over *Dangerous Liaisons* zei Baudelaire: "Dit boek, als het brandt, kan alleen branden als ijs." Wat vindt u van deze uitspraak?

- Waarom is Valmonts valse religieuze bekering een bijzonder cynische list van de libertijn?

- Op welke manier weerspiegelt brief 48, geschreven door Valmont aan de Présidente de Tourvel, zowel de subtiliteit van de Vicomte als zijn sluwheid?

- Denk na over de schrijfstijl van elk van de hoofdpersonen. Zijn ze vergelijkbaar of verschillend? Welk effect heeft dit op de lezer?

- Vergelijk Valmont met het karakter van Molière's Dom Juan. Welke eigenschappen verenigen de twee personages? Wat onderscheidt hen?

- Voordat hij zijn roman publiceerde, verklaarde Laclos dat hij "een werk wilde schrijven dat afweek van het gewone, dat lawaai maakte en dat na zijn dood op aarde zou blijven". Denk je dat hij het doel dat hij zich gesteld had bereikt heeft? Leg uw antwoord uit.

VERDER LEZEN

REFERENTIE-UITGAVE

De Laclos, C. (2007) *Dangerous Liaisons*. Trans. Constantine, H. Londen: Penguin Books.

AANPASSINGEN

Les liaisons dangereuses. (1959) [Film]. Rogier Vadim. Dir. Frankrijk: Les Films Marceau-Cocinor.

Dangerous Liaisons. (1988) [Film]. Stephen Frears. Dir. USA: Lorimar Film Entertainment.

Cruel Intentions. (1999) [Film]. Roger Kumble. Dir. USA: Columbia Pictures Corporation.

*We horen graag van jou! Laat
een reactie achter op jouw online bibliotheek
en deel je favoriete boeken op social media!*

www.50minutes.com

Master ISBN: 9782808687584
Papier ISBN: 9782808698986
Wettelijk depot: D/2023/12603/1178

Omslag: © Primento

Digitaal ontwerp: Primento, de digitale partner van uitgevers.